I b 46.
6.

Société des Sciences et des Arts de Grenoble.

SÉANCE DU 6 MAI 1842.

(Extrait du Bulletin.)

SOUVENIRS
DE L'ILE D'ELBE,

DISCOURS PRONONCÉ

Par M. Camille Leroy,

Docteur en Médecine,
Professeur à la Faculté des Sciences de Grenoble, Membre de plusieurs Sociétés savantes.

MESSIEURS,

S'il est vrai, qu'en s'éloignant de notre époque, les événements perdent en général de leur prestige, d'autres fois, au contraire, ils semblent se grandir de ce culte mystérieux qui s'attache à ce qui n'est plus ; l'esprit aime à se les rappeler ; on se trouve fier d'y avoir joué le rôle le plus modeste ; c'est un passé sur lequel on se complaît d'autant plus à revenir que le temps est plus près d'en effacer les traces. Tel est le caractère de tout ce qui tient à l'empire ; aussi de toutes parts s'attache-t-on à en relever les moindres particularités, et sont-elles accueillies avec un vif empressement. Notre gloire, nos revers, l'homme qui nous commandait, son élévation si extraordinaire, sa chute si rapide, les destinées d'une grande nation se jouant au milieu d'une succession d'événements par lesquels la fortune semble se prononcer alternativement pour ou contre elle, voilà sans doute ce qui explique notre admiration et donne à cette époque un intérêt si puissant. Eloigné du théâtre où s'accomplirent de si grandes choses, et trop jeune alors pour en observer le cours, je puis cependant raconter plusieurs des faits qui répondent à la fin de ces temps et en quelque sorte les terminent. Je veux parler de ceux qui se passèrent à l'île d'Elbe avant et après l'arrivée de l'empereur Napoléon dans cette île devenue célèbre par son séjour. Témoin de la plupart de ces faits, acteur dans quelques-uns, me sera-t-il permis de vous en entretenir ici? Ils sont pour moi l'objet d'un souvenir qui n'est pas sans prix, et peut-être votre bienveillance daignera-t-elle ne pas les trouver sans intérêt, quoique passés dans un cercle bien circonscrit et mêlés à un grand nombre de détails personnels.

Ma présence à l'île d'Elbe s'explique par ma nomination de chirurgien sous-aide à l'hôpital de Porto-Ferrajo, l'avant-dernière année de l'Empire. Je quittai Grenoble le jour même de mes dix-huit ans, et ce jour est gravé dans mon cœur par un souvenir ineffaçable : ce sont les adieux, les embrassements presque convulsifs de ma mère si bonne et si tendre. De longues années se sont écoulées depuis ce moment, et je me sens encore pressé dans ses bras faisant effort pour me retenir ; je vois ses larmes et j'entends sa voix. On s'éloignait alors sans compter sur l'espoir du retour. Hors les émotions, conséquences d'une séparation pénible, je partais gaîment. J'allais payer ma dette à la patrie sous la forme qui convenait à mes goûts et répondait à mes études : au lieu de l'arme du conscrit je portais l'épée, j'allais traverser la belle Italie ; tout me charmait ; et c'est dans ces dispositions, après un voyage agréable, que j'arrivai à l'île d'Elbe. On m'avait dit son séjour triste ; j'y trouvai un beau ciel, des amis, un hôpital, des livres : mon humeur était d'ailleurs accommodante, j'ambitionnais peu les plaisirs ; il me fut ainsi facile d'échapper à l'ennui.

Placée sur les côtes de la Toscane, l'île d'Elbe est très-irrégulière, et traversée par des montagnes élevées, entrecoupées de quelques plaines ; elle est dépourvue de forêts, mais garnie de broussailles. Quelques-uns de ses produits sont excellents, surtout ses figues et ses vins. L'olivier, l'oranger prospèrent dans certaines de ses régions. On y trouve en abondance, formant la bordure des champs, l'aloës et le cactus. Le licken d'Islande tapisse quelques-unes de ses roches nues et arides. On y voit quelques dattiers, divers bois rares, le *quercus suber* entre autres, et de nombreuses productions minéralogiques. Elle est renommée par ses riches mines de fer de Rio, qui appartiennent aux mines de fer oligiste et dont l'exploitation se fait à ciel ouvert. Le fer magnétique y est aussi très-abondant. Les points habités sont assez nombreux ; mais on ne cite que deux villes un peu importantes et fortifiées : Porto-Ferrajo, située au nord de l'île et en regard de Piombino, à 12 myriamètres environ de Livourne, et Porto-Longone, située à l'est. La première, capitale de l'île, compte environ 2,500 habitants, ses fortifications passent pour admirables, et sa rade, dans laquelle se fait la pêche du thon, est une des plus belles du monde. La seconde offre deux parties distinctes : la partie basse ou marine, résidence de la presque totalité de la population, et la forteresse, placée au-dessus de la précédente sur un monticule, de manière à dominer la mer et à protéger l'entrée du port. Cette partie haute, occupée par la garnison, comptait au plus quinze ou vingt familles étrangères aux troupes. L'incendie d'une salle d'artifices et d'un magasin à bombes avait autrefois fait sauter la plupart des habitations, sans que jamais elle en ait pu comprendre beaucoup dans son étroite enceinte ; hors quelques bâtiments réparés, le reste était en ruine. Il ne restait debout et dans un état passable que ces quelques maisons, l'hôpital, les casernes et l'église. Celle-ci était à l'usage des habitants du fort comme de ceux de la marine ; aussi, le dimanche, pour la messe, voyait-on la foule se porter au fort qui s'animait un peu ; le soir ou l'après-midi, au contraire, c'était à la marine, dans les campagnes du voisinage, dont plusieurs étaient charmantes, qu'on allait chercher ses principales distractions.

J'avais été commissionné pour Porto-Ferrajo ; mais je n'y restai que peu de temps, les besoins du service ayant fait juger ma présence nécessaire à Porto-Longone. Ce changement, dont les motifs étaient d'ailleurs honorables pour moi, flattait peu mes goûts : je quittai en effet la ville pour le bourg; mais je reconnus bientôt les avantages de ce nouveau séjour. Le pays avait d'abord une physionomie plus gracieuse, plus variée; de plus, à Porto-Longone, je n'avais qu'un collègue et pas de supérieur immédiat, le service en chef étant fait par voie de réquisition, soit par l'un des chirurgiens des corps qui tenaient garnison, soit par le médecin civil du pays, praticien qui n'était pas sans mérite, homme probe et excellent, bien qu'un peu raide. Nous jouissions ainsi de plus d'indépendance et de liberté. Je logeais à l'hôpital; on me permit d'y établir une salle de dissection, j'avais la garde des instruments, la pharmacie m'était ouverte, et tous les jours elle était, avant de commencer le service, notre point de réunion. Je possédais ainsi assez de moyens d'instruction, et je pris mes mesures pour qu'ils ne fussent pas tout à fait stériles.

La garnison du fort comprenait environ 15 à 1800 hommes. Elle se composait d'un bataillon du 35ᵉ léger, régiment nouvellement créé dont le reste résidait à Porto-Ferrajo, et qui, tout en prenant rang parmi les régiments français, n'était formé que de Toscans et d'un bataillon colonial italien, bataillon disciplinaire, ramassis d'hommes envoyés en punition, qu'on menait, les officiers par la prison, les soldats par les coups. Il n'y avait de réellement Français que quelques officiers du 35ᵉ, une vingtaine de canonniers détachés de la batterie qui était en résidence à Porto-Ferrajo, deux ou trois employés de l'administration, et les officiers d'état-major, si peu nombreux que je puis les nommer, savoir : le commandant de place, homme d'un âge mûr, bienveillant, instruit, français par l'esprit et ses sentiments, mais entêté, et montrant quelque prétention comme philosophe et homme de lettres; l'adjudant de place; le capitaine d'artillerie, vieil officier, en quelque sorte en retraite dans ce poste; le lieutenant du génie, qui, par un heureux hasard, se trouvait être un compatriote, Rouillon, officier de mérite, arrivé quelque temps après moi et mort si prématurément en Corse capitaine sous la restauration; les deux pharmaciens; l'aide-major, Parisien vif, spirituel, sensible et quelquefois capricieux comme une femme, excellent cœur, et son sous-aide, ancien officier de santé ayant pris racine dans l'île par son mariage avec une indigène, ne songeant plus à son avancement, d'une tournure et d'un nom comiques; enfin, mon collègue, bon camarade, à goûts militaires, d'une belle tenue sous l'uniforme, ayant plus d'une fois pensé s'il ne chercherait pas à troquer la trousse du chirurgien contre les épaulettes du sous-lieutenant; enfin, moi, le plus jeune de tous. Cette circonstance m'était favorable. On daignait m'accorder quelque instruction ; on aimait mon air naïf, et, vu mon âge joint à mon ingénuité, c'était à qui me protégerait. Notre commune nationalité, on le conçoit, nous rapprochait tous, tandis que nous n'entretenions que des rapports froids et polis avec les officiers italiens. L'intimité était surtout étroite entre Rouillon, Warin, le pharmacien aide-major, mon collègue et moi. Nous avions même table et, en dehors de ce que nos occupations pouvaient avoir de particulier, promenades, loisirs, distractions, tout était partagé. Ce n'est pas sans plaisir que je me rappelle nos courses dans les environs, nos parties de chasse ou de pêche, nos bains de mer et surtout nos discussions animées, tantôt philosophiques, tantôt scientifiques, comme nos petites querelles, s'agrandissant quelquefois de toute la susceptibilité des hommes qui portent l'épée, mais heureusement bientôt calmées sous l'influence de notre étroite liaison. La politique avait peu de part à nos entretiens, parce qu'il n'y avait alors qu'une opinion ; cependant la marche des affaires nous occupait, et comme cette époque répondait à celle de nos premiers rêvers, nous ne nous en entretenions pas sans émotion. Nos visites les plus fréquentes étaient chez le commandant de place; comme compatriote, il aimait à nous voir. Sa femme était excellente, modeste, pleine de sens, mettant toute sa gloire à soigner ses enfants et sa maison. Parmi les habitants du fort ou de la marine, on comptait encore quelques personnes à fréquenter, soit d'anciens compatriotes fixés dans le pays, soit quelques étrangers agréables. Le carnaval ne se passait pas sans un certain nombre de bals et de soirées, donnés ou par souscription ou par quelques chefs de corps, qui réunissaient la petite colonie. Mais la maison la plus honorable de Porto-Longone, celle où les réceptions étaient les plus fréquentes et les plus nombreuses, où l'on tenait surtout à se faire présenter et où n'étaient habituellement reçus que les hauts grades ou les notabilités de l'Ile; celle où, général, commissaire des guerres, faisaient halte dans leurs tournées, et où le premier janvier on n'oubliait jamais de faire visite après les visites officielles, était la maison d'un boulanger, d'un boulanger ayant boutique sur la rue et vendant le pain au public. Il ne faut pas oublier de dire qu'il était fournisseur; ce qui établissait, disait-on, certains rapports intéressés entre lui et les chefs de corps ou de service. Il avait acquis cette importance que savent prendre les hommes d'affaires, et jouissait de cette considération qu'on accorde à tous ceux qui passent pour gagner de l'argent et qui ouvrent libéralement leur maison au public. La plus belle fête dont j'ai été témoin dans l'île fut donnée par lui; elle fut disposée dans un charmant hermitage qui, au milieu d'environs délicieux, se trouvait à deux milles de Porto-Longone. On y était venu en foule de Porto-Ferrajo; 200 personnes au moins assistaient au repas, à partir des généraux et des principaux fonctionnaires de l'île jusqu'à nous, modestes officiers. Les tables étaient diverses et bien servies. On ne pouvait se montrer plus large dans les invitations et plus magnifique pour le pays. Le maître était bon, simple, doué d'une de ces figures qui semblent appartenir aux personnes de sa profession. L'esprit y répondait; il jouissait assez modestement de tant d'éclat. Sa femme, assez grande, d'une santé délicate, bienveillante quoique un peu fière, présentait un certain air de distinction qui s'alliait très-bien au ton de la maison. Quant à leur fille, âgée de 15 à 16 ans, elle était, quoique peut-être un peu gâtée, la perle du pays: jolie, vive, gracieuse, montant bien à cheval, on ne savait qui oserait jamais y prétendre, et pendant quelque temps on ne parlait rien moins que du major du bataillon colonial, comte italien, pour devoir être son époux. Hélas! on avait compté sans l'inconstance de la fortune, et le moment vint bientôt où toutes ces grandeurs s'évanouirent.

Des incidents plus sérieux se passaient quelquefois dans l'île, et ce n'est pas sans émotion que nous vîmes un jour M. de Mackau être canonné par une corvette anglaise et sur le point d'en venir aux prises avec elle. M. de Mackau montait alors le brick *Alacryti* qu'il avait capturé sur les Anglais avec tant de valeur, et commandait l'une des stations navales de l'île, de sorte qu'il en parcourait souvent les parages. Depuis quelques jours il était dans le port, lorsqu'il en sortit un matin pour prendre le large. Mais bientôt apparut dans le lointain une voile avec laquelle il échangea des signaux, et qui employa la journée à se rapprocher de son bâtiment. Pour lui qui savait à quoi s'en tenir, il s'éloigna peu, afin de conserver le refuge que, selon les circonstances, le port pouvait lui offrir ; il s'amusa seulement à faire quelques manœuvres à une petite distance de Longone, en attendant cette voile qui avançait avec vitesse. Ce jeu, joué tout le jour, fut pour nous un spectacle très-agréable. S'agit-il d'un navire ennemi qui excite sa défiance et ne lui permet pas de s'engager plus loin ? Est-ce au contraire un navire ami à qui il veut faire les honneurs de l'entrée du port ? Nous nous perdions en conjectures, lorsque tout à coup le trois-mâts, qui s'était suffisamment avancé sous les couleurs françaises, arbore le pavillon anglais et lance ses bordées sur le brick, pendant que celui-ci fait effort pour rentrer, obligé de lutter contre le vent devenu presque tout à coup contraire. Avec quelle anxiété ne vîmes-nous pas ce changement de scène jusqu'à ce que M. de Mackau se fût mis à l'abri par sa retraite ! Soixante boulets au moins lui avaient été tirés ; l'un d'eux avait renversé une des barques envoyées du port à sa remorque, et par conséquent jeté à la mer les hommes qui la montaient ; un autre, réfléchi par l'eau, était arrivé jusque dans la place en passant sur nos têtes. Témoin de cette attaque et voyant de loin l'agitation qui régnait à bord, nous craignîmes que tout dans le bâtiment de M. de Mackau ne fût à sang, et qu'il n'eût un grand nombre de blessés. Dans cette persuasion, nous descendîmes lui offrir nos services ; mais quel ne fut pas notre étonnement d'apprendre que, sur tant de coups, deux seulement avaient atteint l'arrière du brick sans produire de dommages, et que personne n'avait été touché ! Il nous remercia de nos offres, mais se montra fort irrité de n'avoir pas été soutenu par le feu de la place, sur lequel, disait-il, il avait compté. Nous avions trouvé, en effet, qu'il eût été convenable d'agir comme il le regrettait ; mais tout avait été si rapide, l'attaque si imprévue, que quand on commença à se raviser la corvette s'éloignait. Ce fut un moment d'indécision, d'erreur ou d'oubli que le commandant de la place eut à expier en passant devant un conseil de guerre ; il lui en coûta quelques mois de détention, après lesquels, disculpé de toute intention coupable, son commandement lui fut rendu.

Mil huit cent quatorze commençait, et le ciel de la France se rembrunissait de plus en plus. Relégués loin de la patrie, nous étions une poignée de Français qui suivions, tantôt avec espérance, tantôt avec anxiété, les diverses phases de la fortune chancelante de l'empire, lorsque nous cessâmes de recevoir des nouvelles. Sans être serrée de près, l'île n'avait plus de communications avec l'Italie, soulevée à la suite de la défection de Murat, et abandonnée par le prince Eugène. Qu'on juge de notre inquiétude sachant notre pays livré à l'invasion et à la guerre intérieure, d'autant plus que par contre-coup d'autres dangers nous menaçaient de plus près ! Nous vivions, en effet, à Porto-Longone, au milieu d'étrangers, et les plus fâcheuses dispositions se manifestaient parmi les troupes composant la garnison. Le corps qui nous inspirait le plus de défiance était le bataillon colonial ; repaire de bandits, d'hommes envoyés en punition et menés par un régime de fer, les individus qui en faisaient partie devaient vivement désirer leur affranchissement : nous les regardions comme capables de se livrer à toutes sortes d'excès. Ils ne pouvaient en vouloir personnellement à aucun de nous ; car ils savaient que les durs traitements qui leur étaient infligés n'étaient pas de notre goût et que souvent nous étions intervenus en leur faveur pour les adoucir ; mais ils devaient être irrités contre la puissance au nom de laquelle ils étaient contenus ou punis : ils devaient être disposés à la vengeance, et nous ne pouvions prévoir où ils s'arrêteraient une fois déchaînés. Déjà même le bruit s'était un jour répandu que nous devions être assassinés à la représentation d'une comédie que quelques-uns d'entre eux, gens d'une certaine éducation, avaient eu la permission de jouer, et à laquelle nous étions invités, ce qui nous détermina à n'y assister qu'après quelques précautions et bien armés. Plus tard, il y eut dans les casernes du même bataillon un commencement de sédition qu'on put comprimer facilement à l'aide des compagnies du 35ᵉ, qui, placées sous un régime tout différent et appartenant à l'armée française, vivaient en dehors de toutes relations avec lui. Ces compagnies, bien que recrutées d'Italiens, ne nous inspiraient donc pas de semblables craintes. La désertion y était bien fréquente ; mais nous ne les croyions pas capables d'en venir aux mêmes extrémités. Notre sécurité se fondait ainsi sur le 35ᵉ et la mésintelligence des deux corps. C'est dans cette pensée qu'on ne confia désormais qu'au 35ᵉ seul le poste important de la place d'armes, appelé la Grand' Garde, et que ce poste fut doublé. Les hommes de ce corps reçurent seuls aussi des cartouches, tandis que l'autre était en partie désarmé. D'ailleurs, tout ce qui était français se quittait peu ; et, par une précaution plus sage encore, on arma de quelques obusiers un petit bastion fermé, situé au centre d'une des places près du fronton de mer, pour y loger nos braves canonniers, avec ordre de ne jamais l'abandonner, d'être toujours prêts à faire feu, et de n'ouvrir qu'à nous en cas d'alerte. Ce point, selon les événements, devait être notre refuge, ou bien l'une des compagnies du 35ᵉ casernée sur une autre place, compagnie commandée par un bon et brave officier français, fort aimé de ses soldats, le capitaine Quentin, lequel en répondait, les croyant incapables de méconnaître sa voix et de jamais lui désobéir.

La désertion était grande, ai-je dit, dans le 35ᵉ. Sollicités par les insulaires et sûrs de trouver avec leur concours des barques de transport, aspirant tous à rentrer chez eux, les soldats partaient par masses de dix, quinze, vingt et même plus. La crainte que la place ne fût bientôt dépourvue de troupes et qu'on ne vînt tenter sur elle quelque coup de main, fit prendre au commandant le parti d'en tenir la porte constamment fermée avec pont-levis baissé. On ne l'ouvrait le matin à une heure fixée qu'aux habitants, pour aller faire leurs provisions, ou à nous, quand nous désirions sortir ; mais nul soldat ou sous-officier n'avait la permission de quitter le fort. Nous nous établîmes ainsi prisonniers au milieu du danger. Ce fut sans doute cet obstacle apporté à la désertion, qui détermina le complot dont la conséquence fut la révolte du 21 avril.

Rien n'avait transpiré des projets des conjurés. Le jour avait été superbe, et nous nous étions longuement promenés le soir sur la place d'armes, au vu des soldats de la garde, le commandant de place, Varin le pharmacien aide-major, Rouillon, mon collègue et moi, nous entretenant de notre position triste et difficile, de nos communs dangers, et étant peut-être ce jour-là plus remplis d'espérance, plus tranquilles qu'à l'ordinaire lorsque nous nous séparâmes. Il était un peu plus de sept heures, la retraite venait d'être battue, nous avions vu la plupart des militaires rentrer sans préoccupation. Le commandant monta chez lui, nous offrit de le suivre ; mais nous le remerciâmes, et chacun de nous gagna son logement respectif. Une heure s'était à peine écoulée que j'entends la fusillade. Elle me paraît établie sur les divers points qui m'environnent, c'est-à-dire du côté de la place d'armes, sur la place intermédiaire à celle-ci et à la rue de l'Hôpital, comme dans cette rue. Je comprends, je devine la vérité. Que faire ? Mon premier mouvement est de me rendre, non pas auprès du bastion occupé par nos artilleurs, parce qu'il était plus éloigné, mais auprès de la compagnie du capitaine Quentin, logée à quelques pas de l'hôpital, sur la place intermédiaire à celui-ci et à la place d'armes. Je pensais que mes compatriotes, obéissant aussi aux instructions de réunir, en cas d'attaque, nos forces isolées, avaient dû prendre la même détermination. Sans perdre de temps, au lieu de traverser les salles de l'hôpital et de prendre l'escalier où je pouvais d'ailleurs rencontrer des ennemis nombreux, je me dispose, étant au premier étage, à sauter par la fenêtre de ma chambre, celle-ci faisant partie d'un corps de bâtiment avancé sur la rue ; mais au moment où je cherche à exécuter mon projet, un coup d'obusier chargé à obus et à mitraille, tiré du bastion par nos canonniers sur la place où je tiens à me rendre, le long de ma rue par conséquent, vient m'arrêter. L'obus va à sa destination et fait connaître aux insurgés qu'ils pourront trouver quelque résistance ; mais la mitraille se dissémine, une partie vient pleuvoir autour de cette fenêtre que je me disposais à franchir, et la sentinelle de l'hôpital, placée immédiatement au-dessous, a son schako traversé par un biscaïen. Le danger auquel je viens d'échapper avec un si rare bonheur me fait heureusement réfléchir ; je comprends que je pourrais, en persistant dans mon dessein, être pris entre deux feux. Au tumulte qui règne sur la place voisine, je reconnais d'ailleurs que la compagnie du capitaine Quentin est loin d'être tranquille. Je prends en conséquence le parti d'attendre, et descends seulement à la pharmacie, où bientôt après le pharmacien sous-aide arrive : c'est avec beaucoup de peine, me dit-il, et seulement en faisant un détour, qu'il a pu gagner l'hôpital ; les balles sifflent de toutes parts sur la place d'armes, et tout est à feu et à sang chez le commandant. Quelques instants après, le domestique de celui-ci, accompagné de quelques soldats, arrive et vient me chercher, pour porter des soins à son maître gravement blessé ; je me rend aussitôt auprès de lui, traversant les places où la sédition vient d'exercer ses ravages, et au milieu de masses nombreuses se dirigeant vers la porte dont les clefs sont tombées en leur pouvoir, s'appelant, poussant des cris de fureur, entonnant des vivats, et lâchant encore quelques coups de fusil sur tout ce qui leur paraît suspect.

Que s'était-il donc passé dans le temps assez court qui avait suivi notre dernière séparation ?

Ce n'était point dans le bataillon colonial, mais dans le 35ᵉ lui-même que la révolte avait éclaté. Les soldats, à la suite de la retraite, étaient rentrés dans leurs casernes sans mot dire, lorsque, après cette apparence de calme propre à éteindre toute défiance, ils saisirent leurs armes et sortirent. Le mouvement était si bien concerté, qu'ils s'ébranlèrent tous en même temps et formèrent plusieurs groupes destinés à faire invasion sur divers points à la fois ou à se protéger réciproquement. L'un de ces groupes se dirigea vers le bastion occupé par nos canonniers dans l'intention de les surprendre, tentative qui heureusement échoua, pendant qu'un autre, composé d'une vingtaine d'hommes, débouchait sur la place d'armes pour former cette masse qui vint enfoncer la porte de la maison du commandant, y pénétrer, la mettre au pillage, faire feu sur lui et les personnes de sa maison jusqu'à ce qu'elle eût trouvé les clefs de la ville et entendu le coup de canon dont j'ai parlé, signal d'une résistance et preuve que le coup de main tenté par le premier groupe avait échoué. Pour le poste doublé de la place d'armes, il était sorti avec ses armes, s'était mis en rang pour protéger le mouvement du second groupe, et avait commencé son acte de rébellion en faisant feu sur le sous-lieutenant qui le commandait, jeune officier croate à notre service, qu'ils étendirent à leurs pieds atteint de trois balles et de plusieurs coups de baïonnettes. Quant à la compagnie du capitaine Quentin, elle fut une des premières à sortir de sa caserne et à se signaler dans la révolte par l'assassinat de son lieutenant : il fut tué sur place. Les soldats respectèrent, il est vrai, leur chef accouru pour les rallier, et supportèrent les reproches qu'il osa leur adresser sur leur infâme conduite. Comme il en était aimé, ils le prièrent au contraire de s'éloigner, s'il ne voulait pas, à leur grand regret, subir le même sort, leur parti étant pris, disaient-ils. Tels furent l'origine et le caractère de la sédition. Ses suites auraient certainement été plus graves sans l'adresse et la fermeté de nos canonniers restés maîtres du bastion et sans l'immobilité momentanée du bataillon colonial. N'étant point dans la confidence du complot, ce dernier en fut comme surpris et ne se joignit point aux révoltés. Quelques-uns de ses officiers parvinrent même à en rassembler une compagnie qui, postée sur la place de l'église, fit pendant quelque temps bonne contenance, résista aux provocations, mais ne put faire davantage, faute de cartouches. Sans ces deux circonstances, rien n'eût empêché les insurgés de se rendre entièrement maîtres de Porto-Longone. Mais, devenus possesseurs des clefs, ils se bornèrent à ouvrir les portes de la place, partant tous en foule, suivis même alors des soldats coloniaux qui profitèrent du mouvement. Hors un très-petit nombre d'hommes, en quelques heures tout déserta. C'est à la sortie des révoltés de chez lui, et au moment où ce mouvement commençait à s'opérer, que le commandant me fit demander. Il avait plusieurs blessures, mais une seule était importante : son bras avait été traversé par une balle ; l'os n'avait pas été touché, mais je craignais pour l'artère. Heureusement elle avait été également respectée ; ainsi sa guérison ne fut entravée par aucune complication fâcheuse. Après l'avoir pansé, je retournai à l'hôpital, où mon collègue et moi nous donnâmes nos soins aux autres blessés. Ils étaient dix ou douze. Je soignai entre autres le jeune officier croate avec lequel j'étais assez lié, et nous eûmes la satisfaction de le voir guérir, après de grandes souffrances.

Il importe ici de relever le trait de courage, l'héroïsme d'une femme. Les insurgés, après avoir fait feu sur le commandant, annoncent sa mort, se divisent, parcourent l'appartement, et plusieurs d'entre eux poursuivent son épouse jusque dans sa chambre, la pressant avec des cris de fureur de révéler l'endroit où sont cachées les clefs de la ville, si elle ne veut pas éprouver le sort de son mari. Il s'agit de sa vie et de celle de sa fille qu'elle tient embrassée devant elle ; cependant elle refuse : sept ou huit hommes la refoulent ainsi contre le mur ; elle les attend avec fermeté. Déjà les fusils s'abaissent et la touchent, elle et sa fille doivent périr, plusieurs coups partent à la fois ; mais, par un mouvement énergique, sa main droite a relevé à temps les armes, et les balles vont frapper le mur au-dessus de sa tête. Les fusils sont déchargés ; au même instant, d'ailleurs, on annonce que les clefs ont été trouvées sous les matelas. Tous l'abandonnent alors et s'empressent de fuir. Il était aussi admirable que touchant d'entendre, un quart d'heure après, cette femme intrépide nous raconter, auprès de son mari blessé et en embrassant sa fille, les dangers qu'elle avait courus, avec la satisfaction sans doute d'y avoir échappé, mais avec ce sang-froid qui n'appartient qu'à la grandeur d'âme et au vrai courage.

Quel fut l'état de la place le lendemain d'une si terrible nuit ? Je le laisse à penser. Hors les officiers, tout était à peu près parti ; car les hommes mêmes qui n'avaient pas trempé dans le complot avaient suivi le mouvement de désertion. Il ne restait que quelques sous-officiers ou soldats attachés à leurs officiers, et qui bientôt encore nous quittèrent. Il n'y eut pas jusqu'au plus grand nombre des malades, qui, soit en se traînant, soit en se faisant aider, ne s'éloignât peu à peu au point que de près de quatre-vingts hommes que comptait l'hôpital, il en resta à peine le quart, composé des individus trop souffrants pour songer à la fuite. Qu'on se représente une garnison de 12 à 1500 hommes ainsi réduite, surtout dans une enceinte presque dépourvue d'habitants! Nous nous serrâmes de plus près. Notre amitié, notre intimité entre Français en devinrent plus étroites. On peut se représenter l'ardeur de ces sentiments entre compatriotes venant d'échapper à un même péril. Notre premier soin fut de faire connaître notre situation à Porto-Ferrajo et de rendre les derniers devoirs au lieutenant, qui avait été tué par le feu de ses propres soldats. Parmi les blessés de la nuit, il y avait lieu de croire que deux ou trois étaient du nombre des insurgés; ils s'en défendirent, et aucune recherche ne fut faite. Le plus soupçonné d'ailleurs, atteint au genou d'un coup de mitraille, était dans un état extrêmement grave et ne tarda pas à périr.

Rien à Porto-Ferrajo n'avait répondu à la sédition de Porto-Longone, seulement la désertion était grande et la garnison s'en trouvait affaiblie; le général gouverneur ne put en conséquence nous envoyer que 150 hommes du même 35e sous la conduite d'un chef de bataillon. Comment se conduiront-ils? Nous fûmes à la rencontre de cette petite troupe jusqu'aux barrières, nous la reçumes avec les marques d'un vif empressement. Arrivé sur la place d'armes, son chef l'exhorta à servir fidèlement jusqu'à un licenciement régulier; mais, à l'attitude de ces soldats, à leur silence, nous comprîmes qu'il ne fallait pas compter sur eux. En effet, libres de faire ce qu'ils voudraient, dès le lendemain ils sortirent par bandes de dix, vingt, trente, de sorte qu'avant midi il n'en resta pas un seul.

Retombés ainsi dans notre solitude, quel parti prendre? réduits à cinquante ou soixante individus, et quelques jours plus tard à un nombre encore moindre, nous ne pouvions que chercher à nous défendre de toute surprise. Les paysans, en effet, qui plus tard pillèrent le fort Focarde placé vis-à-vis Longone, de l'autre côté de la rade, pouvaient vouloir tenter un coup de main sur Longone même. Nous nous enfermâmes donc dans la ville et, pour garder la place comme pour nous garder, nous nous organisâmes en une seule compagnie, prenant tous le fusil, montant la garde, et abandonnant en quelque sorte nos logements respectifs, surtout la nuit, afin d'être presque toujours réunis. Nos canonniers continuèrent d'occuper leur bastion qui, suivant les dangers, devait être notre dernier refuge. Pour nous, officiers français, vivant assez froidement avec les officiers italiens qui cessaient d'être dans nos intérêts depuis nos revers, et dont plusieurs s'éloignèrent également, nous établîmes notre quartier général chez le capitaine Quentin. Il était l'âme de notre troupe. Il demeurait à une des extrémités de la place d'armes, et sa maison se terminait au-dessus du plein pied par une terrasse. Sur elle, nous dressâmes quelques fusils de rempart, et nous fîmes apporter quelques caisses de grenades. C'était là que nous venions coucher, dans une des pièces du rez-de-chaussée convertie en corps de garde; on en partait pour faire patrouille et relever ceux qui étaient de faction auprès de quelques points à surveiller. Notre but était de ne pas rester isolés, de nous mettre en état d'échapper à une surprise, et de pouvoir, selon les circonstances, nous défendre ou capituler. A cause des malades qui nous restaient, mon collègue et moi étions, dans ces circonstances difficiles, les plus occupés, ceux qui avaient rendu et rendaient le plus de services; aussi, de son lit de douleur, le commandant, en dictant l'ordre du jour qui relatait les événements passés, rendit-il justice à notre zèle en nous mentionnant particulièrement. On nous entourait de témoignages d'affection, et dans notre organisation militaire toute spéciale il fut décidé, dès le second jour, et en dehors de toute demande de notre part, que nous cesserions de faire faction pour remplir les fonctions de sous-officiers. Nous perdîmes quelques-uns des blessés; mais le commandant et notre jeune officier croate allaient aussi bien que possible. Telle fut notre situation à partir de la révolte, tous bien unis, vivant dans la plus étroite intimité, conservant une certaine hiérarchie, mais n'obéissant qu'à des mesures fixées d'un commun accord, lorsque nous apprîmes que la paix était faite, que l'empereur avait abdiqué, et que l'île d'Elbe lui avait été assignée pour principauté.

Quelle impression firent sur nous ces nouvelles? Depuis longtemps nos espérances étaient détruites; nous avions ressenti tout ce que le sort de la patrie pouvait nous faire éprouver de pénible, notre position était des plus difficiles: à côté de notre douleur se plaça donc la pensée consolante de rentrer bientôt en France et de revoir nos familles.

Ce fut le 3 mai au soir que Napoléon entra dans la rade de Porto-Ferrajo; il en débarqua le 4, après avoir fait arborer un nouveau pavillon, qui devint celui de l'île sous sa domination. Ce pavillon était tricolore, mais ses couleurs étaient disposées de telle sorte qu'elles formaient un drapeau blanc traversé diagonalement par une large bande rouge sur la longueur de laquelle se trouvaient trois abeilles bleues placées à égale distance les unes des autres. Des proclamations du général d'Alesme aux habitants et aux troupes les avaient instruits du grand événement qui venait de s'accomplir, de l'arrivée et du débarquement qui allaient s'effectuer, et les rappelaient, les uns et les autres, aux sentiments que commandaient de pareilles circonstances.

Je ne puis dire ce qui s'est passé à Porto-Ferrajo le jour où Napoléon y descendit, me trouvant toujours à Longone que nous ne pouvions quitter; mais j'ai su qu'il n'avait été marqué par aucun incident particulier. Napoléon arrivait avec une suite peu nombreuse; car ce ne fut que plus tard et par d'autres voies qu'il reçut des chevaux d'abord et ensuite un bataillon de sa garde. Pour nous, nous attendîmes sa visite; elle nous fut annoncée pour le 5 et la plupart des journaux ont imprimé que l'empereur vint en effet ce jour-là à Porto-Longone. C'est une erreur. Nous l'attendîmes bien presque toute la journée, d'après la nouvelle officielle qui nous en avait été donnée; mais il ne vint point. Ce fut le général Bertrand qui arriva sur les trois ou quatre heures de l'après-midi, accompagné de quelques officiers. Il parcourut rapidement la ville, prit quelques informations, et nous annonça la visite de l'empereur pour un jour prochain.

Ce fut en effet le 10, dans l'après-midi, que Napoléon entra dans Porto-Longone. Avertis dès le matin, les dispositions pour le recevoir furent prises de la même manière que le premier jour où on l'attendait. Le cortége mérite d'être cité. Il se composait de dix-huit à vingt officiers. Tous, ai-je dit, nous avions pris précédemment le fusil; il fut arrêté que les officiers combattants le garderaient seuls, et formeraient la haie pendant que les officiers d'état-major ou sans troupes occuperaient le centre, accompagnant le commandant de place déjà assez rétabli pour se présenter, mais portant le bras en écharpe, et ne pouvant encore revêtir l'uniforme. A côté de lui étaient donc l'adjudant de place, le capitaine d'artillerie, Rouillon, l'officier du génie, les deux pharmaciens, mon collègue et moi. Quant aux canonniers, ils furent placés de manière à honorer d'une salve l'arrivée de l'empereur. Ce fut aux premières barrières de la place que nous le reçumes. Le commandant lui offrit les clefs de la ville, lui adressa quelques phrases, et nous présenta à lui en disant quelques mots sur les causes qui nous avaient réduits à un si piteux état. Napoléon, dont je m'appliquais à examiner la figure impassible, après l'avoir écouté, lui dit seulement : « Vous avez été blessé? » Et après, sans doute comme témoignage de satisfaction et avant toute réponse: « Gardez ces clefs. » Puis poursuivant sa marche, sans descendre de cheval, il fit son entrée dans Porto-Longone sous la fumée des coups de canon que nos artilleurs lui tiraient assez maladroitement au visage au moment où nous remontions vers la place ; aussi, de la main fit-il signe de cesser. Il se borna à faire le tour de la ville, examinant les fortifications, fixant avec sa lunette divers points éloignés, et adressant quelques questions sur certains objets qui attiraient ses regards. Il ne prolongea pas sa présence au delà d'une demi-heure, et sortit sans rien visiter des établissements intérieurs, soin qu'il laissa au général Drouot. Quelques jours après, cet officier supérieur vint en effet prendre une connaissance détaillée des lieux, des magasins, de l'hôpital, s'enquérir des provisions de tous genres que la ville pouvait contenir et en prendre possession au nom de l'empereur. Je me trouvai heureux de l'accompagner dans cette visite. J'ai vu peu d'hommes faire preuve de plus d'aménité, de bienveillance délicate. C'est surtout avec plaisir que je me rappelle quelques minutes passées tout à fait en tête à tête avec lui. Il venait de visiter les salles de l'hôpital ; il témoigna le désir de voir la lingerie ; mais, arrivé à la porte de celle-ci, on n'en avait pas les clefs et on ne savait où les prendre. C'est pendant qu'on les cherchait que nous restâmes quelques instants seuls, le général daignant m'adresser d'assez nombreuses questions, et moi empressé de lui répondre et tout fier d'être son interlocuteur. J'ai toujours conservé de son ton obligeant un précieux souvenir; aussi fut-ce avec empressement que, lors du passage de l'empereur à Grenoble, ce qui me fournit le plaisir de revoir quelques-unes de mes anciennes connaissances de l'île, je me fis présenter au général Drouot par l'ex-adjudant de place de Longone, devenu son secrétaire particulier.

L'île d'Elbe s'organisant sous la direction de l'empereur, on quitta Longone. Le commandant et son adjudant y restèrent attendant de nouveaux ordres et décidés à continuer à Napoléon leurs services; l'officier du génie avait été rappelé par son chef direct à Porto-Ferrajo quelques jours auparavant. Pour nous, officiers de santé, nous n'y rentrâmes que le 18, après l'évacuation de nos malades sur l'hôpital de cette dernière ville. Nous y vinmes ainsi attendre le moment du départ pour la France, départ qui s'effectua en deux fois, d'abord à l'aide d'une gabarre, qui commença par transporter l'un des généraux et les troupes, ensuite à l'aide de la frégate la *Dryade*, qui fut particulièrement chargée d'emmener le général gouverneur, les états-majors, les officiers d'administration et les fonctionnaires civils.

Dans le temps qui s'écoula entre notre rentrée à Porto-Ferrajo et ce départ définitif, mes amis et moi nous nous attachâmes surtout à voir l'empereur, à le rencontrer dans ses fréquentes sorties. Son arrivée dans cette ville y avait excité un mouvement extraordinaire. Le débarquement de ses grognards, de ses chevaux, de ses trésors, avait enflammé l'imagination des habitants, qui y virent une source de profits et de richesses. Quant à Napoléon, il ne tarda pas à déployer sur ce petit théâtre l'activité qui lui était propre, organisant la nouvelle administration de l'île, touchant à tout, améliorant rues, habitations, promenades, routes. C'est au milieu d'une de ces occupations qu'il me fit un jour l'honneur de me parler. C'était au moment où nous sortions de l'hôpital, à l'issue des visites du matin. Il se trouvait sur une petite place voisine, accompagné de deux ou trois officiers supérieurs et de quelques soldats donnant des ordres pour dépaver les rues du haut de Porto-Ferrajo, afin que ces rues, toutes disposées en plan incliné, présentassent à ses chevaux un parcours plus facile. Nous nous approchâmes du groupe. J'étais avec deux de mes camarades et leur donnais le bras, lorsque, se tournant de notre côté, il s'adressa à moi, guidé sans doute par une espèce de réminiscence, pour me demander à quel pays j'appartenais, et, après ma réponse, si je restais dans l'île. La seconde question était embarrassante ; cependant je lui dis sans hésiter que je comptais rentrer en France, dans ma famille. Il faut savoir qu'un ordre du jour avait annoncé que ceux de MM. les officiers qui voudraient continuer leurs services à l'empereur pouvaient en faire la demande, et plusieurs profitèrent de cet avis. Je fus particulièrement sollicité à ne pas repartir, soit par mon compatriote Emery, chirurgien-major de la garde, qui avait eu la complaisance de m'apporter une lettre de mon père et que je voyais souvent, soit par M. Foureau, médecin particulier de Napoléon, lequel paraissait m'avoir pris en affection. Quelques avantages me furent même proposés, en même temps qu'Emery me fit pressentir l'espérance du retour ; mais je tenais à revoir mes parents, mon pays, comme à reprendre mes études, et je résistai.

Napoléon faisait tous les jours quelques promenades en voiture ou à cheval, et mettait souvent pied à terre ; il était ainsi facile, ai-je dit, de le rencontrer. C'est là qu'on pouvait l'examiner, qu'on pouvait étudier une partie des habitudes de cet homme extraordinaire, et je ne me fis pas faute de l'observer autant qu'il dépendait de moi. Ce qui me frappait surtout dans sa personne, c'était cette figure impassible sur laquelle rien ne trahissait l'émotion. Comme tous les hommes supérieurs ou fortement trempés, il devait en effet ou dominer tous ces mouvements extérieurs sur lesquels le public nous juge, ou peut-être y rester étranger, ces mouvements ne devant en quelque sorte appartenir qu'aux âmes qui ne sont pas maîtresses d'elles-mêmes. J'avais déjà remarqué ce caractère à son entrée dans Porto-Longone. Pendant que le commandant de place le retenait en le complimentant, il fut impossible de remarquer sur sa figure aucune marque, soit d'approbation, soit d'improbation soit de contentement, soit d'impatience: immobilité parfaite, point de signes, point de phrases, point de questions ; mais les seules paroles que j'ai citées, expression sans doute de sa confiance. Ses questions étaient toujours brèves, précises, et il ne voulait que des réponses du même genre. Les phrases, les détours, les précautions oratoires, les amplifications, lui déplaisaient comme autant de paroles perdues. Si les questions étaient multiples, au lieu de traîner sur le même sujet, elles portaient presque toujours sur des objets différents et qui semblaient être sans rapports entre eux, sans doute parce qu'il était difficile de suivre le travail de sa pensée. Esprit profond, pénétrant d'un coup d'œil l'ensemble des choses, éclairé par un mot, une idée, ce mot, cette idée lui suffisaient, et tout le reste lui paraissait inutile ou superflu. En une infinité de choses, il voyait de suite ce qui était convenable, et son désir de le réaliser était immédiat, ne souffrant aucun ajournement, ne reconnaissant aucun obstacle. Un jour il remarque que la route au sortir de la ville décrit une courbe à cause d'un petit monticule qu'elle contourne ; il voit de suite le défaut et le moyen de le corriger. Il mande alors un détachement des hommes de sa garde et fait ouvrir immédiatement une tranchée à travers le monticule. Il est là, descendu de voiture, qui préside à ce travail et qui en attend la fin. Les soldats travaillant sous ses yeux déploient une activité extraordinaire, la route est bientôt disposée en ligne droite, et il ne remonte en voiture, pour continuer sa promenade, que lorsque ce résultat est obtenu. Vaincre les obstacles semble surtout lui plaire. Il voulut une fois pénétrer dans Porto-Ferrajo avec ses chevaux et sa voiture par la porte de terre et gagner ainsi d'une manière plus directe sa demeure, située près du fort l'Etoile. Vu la disposition de la ville et ses pavés glissants, cette entrée forme une montée très-raide. On lui objecte la difficulté et le danger, il les apprécie sans doute, mais il veut les braver. Ses chevaux ne pouvaient se tenir, il faillit voir son équipage se briser ; cependant il arriva. Il ne recommença pas, mais il avait fait ce qu'il avait désiré et jugé possible. Il reconnut en outre que la chose deviendrait praticable si les rues étaient en terre, et c'est ce qui le porta à les faire dépaver en partie.

Enfin le 4 juin arriva. C'était le jour fixé pour notre départ. La frégate la *Dryade* envoyée pour nous prendre nous attendait depuis quelque temps ; mais il avait fallu mettre en ordre tous les services et en faire la remise. On embarqua donc pendant la journée ; l'ancre fut levée sur les huit heures du soir, et par un temps superbe nous cinglâmes vers la France disant adieu à cette terre que certains d'entre nous habitaient depuis longtemps, et laissant avec un sentiment pénible, sur ce point perdu de la Méditerranée, l'homme qui avait rempli l'Europe de sa gloire et sous le pouvoir duquel nous y avions tous été envoyés. Nous eûmes bientôt perdu l'île de vue ; nous doublâmes la Corse et, après quatre jours de traversée, nous arrivâmes à Marseille sans autre particularité que la rencontre d'un vaisseau espagnol qui nous héla, s'informa d'où nous venions, et nous accueillit par des cris de : *Vive le roi!* poussés avec une espèce de fureur menaçante : il nous fallut y répondre. Notre bord possédait une musique, le capitaine ordonna que les honneurs de quelques fanfares lui fussent rendus. C'était d'ailleurs un plaisir qu'il nous procurait tous les jours quand les exigences de la manœuvre le permettaient, et je ne sache rien de plus ravissant que cette musique guerrière exécutée entre le ciel et la mer, sur un bâtiment marchant par un temps magnifique, au milieu d'une nature aussi silencieuse que celle qui nous environnait. L'entrée de la rade de Marseille nous fut difficile ; cependant nous mouillâmes vers les onze heures du soir pour entrer le lendemain au lazaret. Nous y trouvâmes plusieurs des débris de nos armées rappelés dans la commune patrie, entre autres les malheureux restes de celles de nos troupes qui avaient été détenues prisonnières à l'île de Cabrera. C'était un spectacle poignant que de voir le profond état de misère auquel étaient réduits ces infortunés, parmi lesquels je rencontrai deux Grenoblois. Notre quarantaine dura dix jours, et quelque triste que fût le séjour du lazaret, nous trouvâmes le moyen de le rendre assez gai, continuant d'être réunis et cherchant entre nous, débarqués de l'île d'Elbe, les occasions de nous distraire. Fermés dès le soir dans l'enceinte assez commode qui nous était assignée, nous y faisions toutes sortes de jeux, pendant que dans la journée, libres de parcourir l'établissement, pourvu qu'il n'y eût point de communication avec les personnes soumises à d'autres quarantaines, nous nous divisions par groupes, soit pour nous promener, soit pour faire la lecture, soit pour nous visiter réciproquement. Le plus ennuyeux était l'obligation où nous nous trouvions de faire notre cuisine. Rouillon, Varrin, mon collègue et moi, nous occupions la même chambre et faisions ordinaire ensemble ; il en résultait qu'à tour de rôle nous étions de ménage. Nos rations d'abord, et ensuite ce que divers fournisseurs venaient nous vendre en faisaient les frais. Cette manière de vivre était assez nouvelle pour être piquante, surtout ne devant pas durer. En effet, bientôt nous fîmes notre entrée à Marseille, que nous trouvâmes dans toutes ses joies de la restauration ; c'est là que nous nous séparâmes. Chacun de nous, en vertu des ordres qui le concernaient, gagna les lieux où il devait se rendre ; nous, officiers de santé, nous y trouvâmes notre licenciement, ce qui me ramena à Grenoble, après une absence de dix-huit mois : absence longue en soi, et assez accidentée, mais qui, vue de plus loin, est aujourd'hui passée pour moi comme une ombre fugitive, comme un rêve dans la vie.

FIN.

Grenoble, impr. de Prudhomme.

www.ingramcontent.com/pod-product-compliance
Lightning Source LLC
Chambersburg PA
CBHW060915050426
42453CB00010B/1735